I0123170

ARMÉNIE

MONTBÉLIARD

WURTEMBERG

PAR

Frédéric MACLER

MONTBÉLIARD
SOCIÉTÉ ANONYME D'IMPRIMERIE MONTBÉLIARDAISE
—
1913

Extrait de la *Revue Chrétienne*, année 1913.

Arménie - Montbéliard - Wurtemberg

Une page d'histoire intéressante à écrire, serait celle qui exposerait dans le détail les rapports de Montbéliard (ville et
principauté) avec l'Orient ; et, sans remonter aux récits plus ou
moins légendaires relatant la participation de certains Montbéliardais à la première Croisade, on raconterait avec une pré-
cision historique suffisante la vie de *Gautier de Montbéliard*,
régent du royaume de Chypre, qui s'empara de Damiette et fut
tué au siège de Satalie, en Asie Mineure (1) ; on peindrait les
malheurs d'*Echive de Montbéliard*, fille de Gautier de Montbéliard et de Bourgogne de Lusignan, femme de Balian I\u1d49ʳ
d'Ibelin, fils aîné du vieux sire de Beyrouth ; elle dut se réfugier
avec ses enfants, en 1234, dans la maison de l'Hôpital, puis se
retira au château de Buffavent, pour échapper aux Lombards (2).

On noterait ensuite qu'*Eudes de Montbéliard*, connétable du
royaume de Jérusalem, prit part, en 1239, à l'expédition des
barons venus de France, et qu'en 1241, il était lieutenant du
baile du roi Henri à Saint Jean d'Acre (3). Enfin, il y aurait un
intérêt historique presque d'actualité, à rappeler qu'*Amphélise
de Montbéliard* donna le jour à Urbain de Grimoard, abbé de
Saint-Victor, à Marseille, lequel devint pape sous le nom d'Urbain V. Celui-ci consacra son pontificat à rendre le pape puissant en Italie, à rétablir la paix en Occident et à donner une

---

(1) *Recueil des historiens des Croisades*, publié par les soins de l'Académie
des inscriptions et belles-lettres. *Documents arméniens...* (Paris, 1906), t. II,
p. 664.

(2) *Recueil... ibidem*, p. 710.

(3) *Recueil... ibidem*, p. 684, 726, 729, 730.

nouvelle impulsion à la Croisade. « Quelques jours après son avènement, Urbain V écrivit... une lettre à l'archevêque de Nicosie... où il manifeste les mêmes sentiments sur la croisade que son prédécesseur. Il parle des dévastations commises en Orient par les barbares « qu'on appelle vulgairement Turcs » et qui désirent la destruction de la foi chrétienne. La Romanie et d'autres contrées encore ont eu à souffrir leurs ravages... » (1).

Tel n'est point notre projet. Beaucoup plus modeste, notre propos serait d'exposer comment un physicien d'origine montbéliardaise, professeur à Dorpat (Jurjew), s'adjoignit un novice arménien d'Etchmiadzin, Abovian, pour faire l'ascension de l'Ararat, exerça sur son compagnon de voyage une telle influence que ce dernier alla faire des études universitaires à Dorpat, épousa une luthérienne de Revel (Provinces Baltiques), et devint le véritable fondateur de la littérature arménienne moderne de Russie.

On croit généralement que le personnage nommé Georges-Frédéric Parrot, qui fit l'ascension de l'Ararat et décida de la vocation d'Abovian, naquit à Montbéliard et qu'il était de nationalité allemande. Nous allons essayer de mettre les choses au point par les quelques lignes suivantes.

*
* *

Georges-Frédéric Parrot, connu en Russie sous le prénom de Georges, naquit à Montbéliard, le 5 juillet 1767, (2) deux ans avant son compatriote Georges Cuvier. Il mourut en Finlande, à Helsingfors, le 8 juillet 1852 (3). Comme plusieurs enfants de Montbéliard (4), il étudia d'abord la théologie, et se consacra ensuite aux sciences physiques. Ses études terminées, il fut, com-

(1) Cf. N. Jorga, *Philippe de Mézières*, 1327-1405, et la Croisade au XIVᵉ siècle (Paris, 1896), p. 154, n. 1 et p. 157-158.

(2) Cf. G. Goguel, *Hommes connus dans le monde savant en France et à l'étranger, nés ou élevés à Montbéliard* ; études, analyses, appréciations, d'après leurs ouvrages, leurs notes, des documents authentiques, des pièces inédites, des renseignements intimes... (Paris, 1864), p. 455.

(3) Cf. G. Goguel, *op. cit.*, p. 454, qui rappelle que les restes de Parrot « furent ramenés dans la capitale de la Russie où il avait passé treize hivers, et on l'inhuma selon le rite de l'Église luthérienne. »

(4) La principauté de Montbéliard appartenait, au XVIIᵉ siècle, aux ducs de Wurtemberg. Louis XIV s'en empara en 1676 et la garda jusqu'en 1697 (traité de Ryswick) ; elle fut tenue en séquestre par la royauté française de 1723 à 1748, redevint wurtembergeoise jusqu'à sa conquête définitive par la République française, en 1793.

me Cuvier qui l'y remplaça, précepteur dans une riche famille de Normandie, celle du comte d'Héricy ; puis il fut nommé professeur de mathématiques à Carlsruhe d'abord, à Offenbach ensuite.

En 1800, Parrot est appelé à professer la physique à l'Université de Dorpat (Provinces Baltiques) (1), et il occupa cette chaire jusqu'en 1826, époque à laquelle il fut nommé membre de l'Académie de Saint-Pétersbourg. G. Goguel rappelle, dans l'ouvrage précité, p. 437-438, que Parrot eut l'insigne honneur d'être le premier recteur de l'université de Dorpat, lorsque l'empereur Alexandre donna ordre de la réorganiser en 1802. « Le titre de conseiller actuel d'Etat, conféré à G. Parrot en 1840, fut la récompense de ses longs et honorables services en Russie. Il était membre de l'Académie impériale des sciences de Saint-Pétersbourg, et écrivit beaucoup en français dans les Mémoires de ce corps savant et de plusieurs autres sociétés.... »

Georges-Frédéric Parrot eut deux fils, dont l'aîné, Guillaume, fut pasteur de la paroisse de Burtneck en Livonie ; le second porta les mêmes prénoms que son père (2). C'est de lui que nous allons nous occuper présentement.

* * *

Georges-Frédéric PARROT, connu en Russie sous le prénom de Frédéric, prit, comme son père, « le grade de docteur et de-

(1) Dorpat, chef-lieu du gouvernement de Livonie, embrassa le luthéranisme en 1525. Ivan le Terrible s'en empara en 1558 ; cette ville fut cédée à la Pologne en 1582. Les Suédois la prirent en 1600. Depuis 1704, elle appartient à la Russie. — On dresserait une liste déjà fort respectable des Montbéliardais qui firent leur carrière en Russie, et l'on pourrait également rappeler que le tzar Alexandre I, fils du tzar Paul et de Sophie-Dorothée Auguste-Louise, fille du prince Frédéric-Eugène de Wurtemberg, de passage à Delle en janvier 1814, vint à Montbéliard pour visiter la ville où sa mère avait passé une bonne partie de son existence, soit à Montbéliard, soit à Etupes ; « à son entrée dans la ville, qu'il fit à cheval, vers trois heures du soir, le 17 janvier, il fut conduit dans la maison de M. Beurnier, inspecteur des forêts, située sur la place St-Martin... Le lendemain, mardi 18 janvier, à 11 heures du matin, un service divin fut célébré en langue russe à l'intention de l'empereur et par un de ses chapelains dans une grande salle de la maison Macler (actuellement maison de M. Rossel-Marti), située entre la place St-Martin et la rue des Granges. L'empereur se rendit à cette cérémonie religieuse à pied, en traversant la place St-Martin, malgré la fonte des neiges occasionnée par le dégel, et le temps affreux de pluie qu'il faisait. » (Ceci, d'après des souvenirs de famille et d'après l'Almanach de Montbéliard (Montbéliard, A. Maillard, éd., 1882, p. 76, 79).

(2) Cf. G. GOGUEL, op. cit., p. 455-456.

vint aussi professeur de physique à l'université de Dorpat, conseiller d'État russe, en sorte qu'il faut faire attention de ne pas confondre le fils avec le père ou croire qu'il n'y a eu qu'un seul savant du nom de Georges-Frédéric Parrot.

« Ce fils cadet reçut le titre de commandeur de l'ordre de Ste-Anne, et est, en outre, connu par des voyages scientifiques, entre autres par l'ascension de l'Ararat en septembre 1829 ; entreprise unique jusqu'à ce jour, et qui ne réussit qu'à la troisième tentative, indice d'une persévérance et d'un courage rares.

« La relation de ce voyage a été publiée en allemand (1), puis traduite en français, et est restée en manuscrit, comme nous l'avons vu dans notre Étude sur J.-L. Parrot... On en trouve une analyse dans la *Revue de la Côte-d'Or et de l'ancienne Bourgogne*, rédigée par *J.-F. Jules Pautet*, Dijon, 1836, p. 397 et suivante.... » (2).

G. Goguel, sans nous donner la date de la naissance de Frédéric Parrot, nous apprend que ce savant vit le jour à Dorpat, fut élevé en Allemagne et mourut jeune, en 1841, épuisé par plusieurs voyages du genre de celui de l'Ararat (3). Il termine sa notice biographique par ces mots (p. 467-468) : « On ne comprend pas quel intérêt les moines de l'Ararat ont eu à nier la visite qu'ils reçurent de l'intrépide Frédéric Parrot, qui n'était pas prussien, comme le dit M. Figuier, mais russe, étant né en Livonie, lorsque ses parents habitaient Dorpat... »

Avant de terminer cette brève notice consacrée à Frédéric Parrot, nous croyons intéressant de reproduire le récit des trois ascensions de l'Ararat, publié par G. Goguel (*op. cit.*), p. 464, et que le lecteur pourra comparer au récit de la même ascension, racontée par Abovian, en arménien, et dont nous donnons une traduction ci-après.

Voici le texte relatif à Frédéric Parrot : «... Le voyageur passa la première nuit à 11,675 pieds ; il y avait de la neige à l'ombre : le lendemain, il arriva à une élévation de 14,550 pieds, hauteur du Mont-Blanc, à peu près. Dès lors, l'accessibilité de la montagne fut constatée. En descendant, le voyageur risqua sa vie. Cette première ascension eut lieu le 12 septembre 1829.

« Le 18, une deuxième fut entreprise. Le voyageur passa la première nuit à 12,346 pieds, et atteignit le lendemain les neiges perpétuelles à 13,448 pieds. Ensuite, il arriva à une espèce de terrasse, à 15,448 pieds au-dessus de la mer. La neige qui com-

(1) *Reise zum Ararat...* (Berlin, 1834), 2 vol. in-8°.
(2) Cf. G. Goguel, *op. cit.*, p. 462-463.
(3) Cf. G. Goguel, *op. cit.*, p. 465.

mençait à tomber en abondance, décida le voyageur à planter la première croix en cet endroit.

« Le 26 septembre, il commença sa troisième ascension, et arriva le premier soir à une hauteur de 13,036 pieds. Le lendemain, après des efforts inouïs, des dangers extraordinaires, il atteignit la cime de l'Ararat. Des actions de grâces furent rendues à *l'Eternel*, et la *croix du salut* fut plantée ».

Le novice Abovian avait courageusement accompagné Parrot dans ces périlleuses ascensions. De retour à Dorpat, Frédéric Parrot s'occupa beaucoup du jeune Abovian, et exerça sur lui une influence décisive. Il en fit un lettré et un patriote qui n'oublia jamais les bienfaits dont il avait été l'objet de la part de son professeur d'origine montbéliardaise.

*
 * *

Khatchatour Abovian (1), naquit en 1804-05, à Kanaker, bourg arménien important du district d'Erivan (Arménie russe), au pied de l'Ararat. Sa famille était aisée, et il eut une jeunesse heureuse. En 1814, ses parents conduisirent Abovian à Etchmiadzin et le confièrent au catholicos Ephrem qui en prit soin comme de son propre fils et chargea de l'éducation et de l'instruction du jeune homme, l'évêque Anton, ami personnel du catholicos. La reconnaissance du pupille fut telle qu'il signait souvent Khatchatour *Antonian* Abovian, témoignant ainsi de l'estime dans laquelle il tenait son précepteur.

Six ans durant, Abovian étudia à Etchmiadzin ; en 1820, il se rendit, en compagnie de son maître, au célèbre couvent de Haghpat, puis à Tiflis où il travailla pendant deux ans sous la direction de l'arménisant Polos de Karabagh.

---

(1) Ouvrages consultés : 1°) *en allemand :* Armenische Bibliothek herausgegeben von Abgar Joannissiany. II. *Litterarische Skizzen*, von Arthur Leist (Leipzig, 1888 ?), p. 65-79. — *Die armenische Literatur des 19. Jahrhunderts*. Eine Skizze von Bagrat Chalatianz (Heidelberg, 1905), 8° p. 16-17.

2°) *en arménien :* Khatchatour Aboviani *Erkère*. Hratarakets Isahak Jamhariants (Moscou, 1897), 8°, passim. — Grigor Vantsian, *Haï heghinakner* (Tiflis, 1905), 8°, p. 89-92. — *Haï Groghner* (Tiflis, 1909), I, p. 676. — Nersès qah. Tèr-Kanapetian, *Khatchatour Abovian* Djémaranakan disertatsia. B. Anphophokh tpagrouthiun (Tiflis, 1911), 8°.

3°) *en français :* Archag Tchobanian, *La littérature arménienne contemporaine*, dans *Revue encyclopédique Larousse*, n° 305, 8 juillet 1899, p. 522. — A. Tchobanian, *Poèmes arméniens anciens et modernes...* (Paris, 1902), p. 75-79.

Le catholicos Nersès V, venait de fonder à Tiflis, en 1823, le fameux séminaire Nersessian, où devaient se former une pléïade de savants et de littérateurs arméniens ; Abovian y fut un des premiers élèves, et c'est de son passage dans cette école supérieure que datent ses essais littéraires. Il y termina ses études le 24 février 1829, au moment où éclata la guerre russo-persane.

Estimant que son instruction n'était pas encore suffisante, Abovian décida de se rendre à Venise pour travailler sous la direction des Peres Mekhitharistes, dont la réputation d'érudition commençait à se répandre dans le monde arménien ; il avait même résolu d'emmener avec lui sa famille, pour la soustraire aux atrocités de la guerre. Il obtint du catholicos l'autorisation de faire le voyage projeté et se rendit dans son village à l'effet de faire ses préparatifs de départ. Et voici qu'au dernier moment, par suite de revers de fortune d'une part, en raison de l'insécurité des routes d'autre part, Abovian dut rester dans son pays. Il fut nommé drogman et secrétaire du catholicos, et reçut les quatre degrés du demi-diaconat. Il jouissait, dans son entourage, d'une réputation grandissante d'érudit, et tout faisait prévoir qu'il prendrait successivement tous les degrés de la hiérarchie ecclésiastique et passerait son existence de savant dans le calme du monastère d'Etchmiadzin. Nous allons voir que le sort en avait décidé autrement.

*
* *

Le professeur Frédéric Parrot arriva de Dorpat en Arménie en 1829. Il était chargé de faire l'ascension du mont Ararat et de relever les caractères physiques, météorologiques et autres qu'il rencontrerait au cours de son voyage. Il exposa le but de sa mission au catholicos et le pria de lui désigner un jeune moine d'Etchmiadzin qui lui servirait à la fois de drogman, de guide, et de compagnon de route. Le choix du catholicos s'arrêta sur Abovian, et, sans tarder, les deux explorateurs et leur suite, firent diligence vers l'antique montagne qui conserve le souvenir de Noé et du déluge.

En cours de route, le jeune novice (1), exposa au savant physicien que son plus ardent désir serait d'aller compléter ses études en Europe, de se perfectionner dans la connaissance des méthodes et des sciences de nos universités, mais qu'il n'en a malheureusement pas les moyens matériels.

(1) En réalité, Abovian était *dpir ;* ce mot signifie scribe, lecteur, clerc, enfant de chœur.

Parrot lui promet de prendre à sa charge les frais de son éducation à Dorpat et, dès son retour à Pétersbourg, il intéresse à son protégé le ministre de l'Instruction publique, Liven, qui s'engage à prélever sur le trésor impérial une bourse de trois ans et les frais de voyage, pour qu'Abovian puisse venir étudier à Dorpat et retourner ensuite dans sa patrie.

Le 25 août 1830, Abovian est à Pétersbourg, et dès le lendemain il se met en route pour Dorpat où il arrive le 3 septembre. Parrot le reçut à bras ouverts, le présenta à sa femme, puis à ceux de ses collègues, Friedlænder, Walther, Grasse, qui prirent à cœur d'aider le jeune Arménien à s'instruire, dans un esprit très large et très noble : au lieu de le pousser à se germaniser, ils le préparaient à sa mission future de patriote et de père d'une littérature nouvelle.

Abovian resta six ans à Dorpat et il eut l'occasion, durant ce séjour, d'y faire la connaissance d'hommes illustres, voyageurs, savants, littérateurs, qui tous eurent à se louer de son aménité, de sa distinction, et qui vantent ses hautes qualités morales et intellectuelles. Haxthausen (1) déclare qu'Abovian a parfaitement su assimiler l'enseignement de l'université de Dorpat et qu'il parle l'allemand au point que l'on ne saurait reconnaître en lui un étranger. Il lui doit beaucoup de renseignements précieux sur le peuple arménien, et il puisa largement aux sources écrites que lui communiquait Abovian (2).

Frédéric Bodenstedt parle d'Abovian comme d'un homme de talent qui sut tirer tout le profit désirable de son séjour à Dorpat, où il apprit de Parrot à parler correctement l'allemand et le français. Abovian lui communiqua des chants populaires arméniens, géorgiens, circassiens, et le poète allemand s'en servit habilement pour composer ses poèmes orientaux. Il serait intéressant de rechercher dans quelle mesure Bodenstedt (3) est re-

(1) *Transcaucasia*. Sketches of the nations and races between the Black sea and the Caspian. With illustrations by Graeb (London, 1854), 8° passim. Je cite l'édition anglaise, parce que je n'ai pas pu me procurer l'allemande.

(2) HAXTHAUSEN, *op. cit.*, p. 214 : « During his residence at Dorpat, my friend Abovian had compiled a volume of reminiscences of his youth, which contained many highly interesting particulars respecting his native country.... »

(3) Voir de lui : *Die Vœlker des Kaukasus und ihre Freiheitskæmpfe gegen die Russen*. Ein Beitrag zur neuesten Geschichte des Orients (Frankfurt am Main, 1848), 8°. — Le même ouvrage traduit en français par le prince E. de Salm-Kyburg (Paris, 1859), 8°. — *Tausend und ein Tag im Orient*. 3te Auflage (Berlin, 1859), 8°. — *Der Sænger von Schiras*. Hafisische Lieder, ver-

devable à Abovian de ses *Orientalia*, et l'on verrait probablement qu'il faut reculer très à l'arrière-plan l'influence problématique de Mirza Chafi et de ses poèmes persans, dont je n'ai trouvé l'indication bibliographique dans aucune des sources que j'ai consultées. Abovian fut le véritable pourvoyeur de documents orientaux de Bodenstedt et ce serait un problème littéraire important à résoudre, où l'on analyserait et exposerait ce que l'un doit à l'autre, comme inspiration et comme imitation.

Enfin, Wagner déclare combien il fut heureux de pouvoir recourir à la science et à l'obligeance d'Abovian lors de ses voyages au Caucase (1).

Mais Abovian devait songer à rentrer dans sa patrie et, en quittant Dorpat, il rendit ce témoignage touchant, à son protecteur montbéliardais : « Il est impossible d'énumérer tout ce que Parrot a fait pour mon instruction. Son désir était de me préparer à devenir un bon pédagogue et d'allumer constamment dans mon cœur l'amour de ma nation, de mon église et de mon pays ».

*
* *

Les années de Dorpat comptent parmi les plus belles dans la vie d'Abovian. Rentré en Arménie, il eut vite l'occasion de prendre contact avec les dures nécessités de l'existence ; et puis, il était maintenant définitivement laïque, et souvent, une nostalgie, des idées noires l'obsédaient, qui lui faisaient regretter de n'avoir pas embrassé l'état monacal ; il avait des velléités de remonter le cours du temps, de refaire, si possible, sa vie, et de devenir enfin le religieux qu'il avait rêvé d'être un jour. L'envie et la jalousie ne lui furent pas épargnées ; il fut l'objet des quolibets de maints confrères ; le mariage ne lui procura pas le bonheur qu'il en espérait, et l'existence qu'il mena à Tiflis et à

---

deutscht von F. Bodenstedt (Berlin, 1877), 8°. — Enfin, l'ouvrage qui a fait la célébrité du poète allemand et que je cite d'après l'édition de ma bibliothèque : *Die Lieder des Mirza-Schaffy*, mit einem Prolog von Fr. Bodenstedt (Berlin, 1909) 162ᵗᵒ Ausgabe, in-16.

(1) Cf. Dʳ Moriz WAGNER, *Reise nach dem Ararat und dem Hochland Armenien. Mit einem Anhange : Beiträge zur Naturgeschichte des Hochlandes Armenien* (Stuttgart, 1848), 8°. — *Der Kaukasus und das Land der Kosaken in den Jahren* 1843 bis 1846 (Dresden, 1848), 2 vol. in-18. — *Reise nach Kolchis und nach den deutschen Colonien jenseits des Kaukasus* (Leipzig, 1850), 8°. — Il ne faut pas confondre ce Wagner avec le Dʳ Fr. Wagner, auteur de l'ouvrage bien connu *Schamyl als Feldherr, Sultan und Prophet, und der Kaukasus* (Leipzig, 1854), 8°.

Erivan, jusqu'au jour où il disparut mystérieusement du nombre doc vivants, ne fut pas une promenade féerique dans un monde enchanté.

Rentré de Dorpat, Abovian fit un premier séjour de près de deux ans, à Tiflis, dans un état voisin de la misère. Quelques personnes s'intéressèrent à lui et lui proposèrent d'entrer au service de l'Etat. Mais son désir, alors encore, était de rester fidèle à sa vocation spirituelle ; il projetait de fonder une école pour y former des instituteurs destinés aux écoles du peuple, pensant ainsi servir le progrès et l'avancement de ceux de sa nation. Cette première tentative ne réussit pas, et Abovian fit des démarches pour être nommé professeur des séminaristes d'Etchmiadzin. Nouvel échec, car les moines suspectaient l'orthodoxie d'un homme qui avait parachevé ses études dans une université germanique et protestante.

Abovian alors se retira à Tiflis ; il désirait se consacrer au sacerdoce ; mais le catholicos Ohannès l'en dissuada, arguant, non du fait d'avoir suivi les cours d'une université protestante, mais parce qu'il était ancien élève du séminaire Nersessian. Ne rencontrant pas chez ses coreligionnaires l'aide qu'il en espérait, Abovian finit par entrer au service de l'Etat et le 12 février 1837, il fut nommé professeur et directeur au collège régional de Tiflis, puis, le 26 février 1840, professeur de la langue française, qu'il avait apprise de Parrot.

Les premières années de son professorat furent heureuses ; ses chefs l'estimaient et on lui confiait la délicate mission d'accompagner les étrangers de marque qui venaient visiter le Caucase. Malgré cela, il ne goûtait pas un bonheur sans égal ; il lui manquait quelque chose dans ces nouvelles fonctions qu'il tenait pour passagères et transitoires ; et il nourrissait toujours l'espoir de revêtir enfin la robe ecclésiastique. Et voici que, le 28 février 1839, il est dégagé de la vocation ecclésiastique par ordre de l'autorité supérieure. C'est alors qu'il prend la décision de se marier.

Il se fiance avec Mlle Emilia Loose, une luthérienne de Revel (Provinces Baltiques) ; le 6 août 1839, les deux fiancés décident de célébrer leur mariage et de baptiser leurs enfants suivant le rite de l'église arménienne grégorienne, et la bénédiction nuptiale leur est donnée le 8 septembre suivant .

C'était une vie nouvelle qui commençait pour Abovian ; il fonde une école spéciale pour les jeunes Arméniens, et le voyageur Wagner, qui visita cet établissement quelque temps après, dit son émerveillement en constatant que ces élèves lisent et écrivent facilement l'arménien, le géorgien, le tatar, le russe, l'allemand et le français.

L'esprit inquiet d'Abovian ne le laissait pas longtemps en repos. Une place de professeur d'arménien à l'université de Kazan était vacante ; il postula, mais sans succès. C'est à cette époque, 1841, qu'Abovian écrivit son chef d'œuvre *Verq Haïastani*, en arménien vulgaire, presque dans le patois de son village, Kanaker, pour être compris du peuple. Il poursuivait le double but d'être utile à sa nation et de faire œuvre de poète. C'était, pour l'époque, une tentative audacieuse, car l'arménien classique ou grabar dominait partout, et l'arménien moderne ou vulgaire n'était pas jugé digne de devenir un instrument littéraire.

Dans le même but, Abovian avait commencé l'impression d'un manuel scolaire en langue moderne ; l'archevêque Karapet en interdit la publication parce qu'il n'était pas écrit en arménien classique.

Vers 1841, parurent la plupart des œuvres d'Abovian : *Divertissements pour les heures de loisir, Agnès, Théodora, Zangui*, etc., et elles sont en arménien vulgaire, tandis que ses autres écrits, produits avant ou après cette date, sont rédigés en classique.

La jalousie de ses collègues, un rapport défavorable de son recteur obligèrent Abovian à quitter Tiflis, et il fut nommé, dans le courant de l'été 1843, sous-directeur de l'école régionale d'Erivan, avec moins d'appointements qu'à Tiflis. Il y fonda un pensionnat où il reçut une trentaine d'élèves qui firent sous sa direction les plus grands progrès en français et en allemand et réussissaient, au dire de Bodenstedt, à lire Gœthe et Schiller dans le texte.

Malgré ses succès scolaires, Abovian n'est pas heureux ; il souffre en silence et, malgré le désir qu'il a d'être utile à sa nation, il songe, à différentes reprises, à quitter sa femme, ses enfants et ses pensionnaires et à devenir moine ; mais le catholicos s'y oppose formellement.

En 1847, pour des raisons restées jusqu'à présent inconnues, Abovian est relevé de ses fonctions à Erivan. Ce fut pour lui le coup mortel. Il disparaît le 2 avril 1848, sans laisser aucune trace. Les derniers poèmes qu'il composa sont d'un désespéré, empreints d'une tristesse découragée, morne, et qui font comprendre la noire résolution à laquelle il s'arrêta.

On a expliqué de diverses manières sa disparition. Pour ses amis, les plus proches, il se serait donné la mort dans un moment de sombre découragement. Selon d'autres, un drame aurait été la cause de sa disparition : amoureux d'une musulmane d'Erivan, le mari ou le frère de cette dernière aurait vengé son honneur en faisant disparaître à jamais toute trace d'Abovian. Quelques-uns ont supposé, fort gratuitement du reste, que le gouvernement russe aurait fait supprimer nuitamment Abovian. Archag Tchobanian, qui a étudié d'une façon très complète ce délicat problème dans le numéro de décembre 1898 de sa revue *Anahit*, ne croit pas à la version de la femme musulmane ; Abovian était un homme trop loyal pour commettre une telle action ; d'autre part, le gouvernement russe n'avait aucun grief contre Abovian ; il croit, mais sans en avoir une preuve irréfutable, qu'Abovian, dégoûté de l'attitude et de la malveillance de ses collègues, enclin naturellement à une sorte de neurasthénie, s'est donné la mort ; sa disparition suivit en effet de quelques jours, la disgrâce qui lui enlevait son poste officiel à Erivan.

* * *

Abovian a beaucoup écrit, mais la plupart de ses œuvres sont inédites. On en a publié un certain nombre, — les meilleures — dans une volume intitulé Khatchatour ABOVIANI *Erkère* (Moscou, 1897), in-8° de 537 pages.

Verq Haïastani (les Blessures de l'Arménie) est un roman épique où l'auteur retrace les évènements de la guerre russo-persane, dont il fut un témoin oculaire. Il montre les souffrances du peuple arménien sous le joug des musulmans persans, son état de servitude lamentable, et il dépeint dans toute leur horreur, les massacres qui eurent lieu au cours de cette guerre. Mais il chante en même temps l'héroïsme d'une poignée de braves arméniens dont l'un, Aghassi, est devenu la figure capitale du roman, voire le type du patriote arménien militant, type que devait reprendre plus tard, en le traitant avec plus d'ampleur, le romancier Raffi. Abovian décrit en outre les mœurs du peuple arménien, son ignorance, ses souffrances, son état de servitude, du fait de son asservissement au joug musulman. Ce livre tient à la fois de l'épopée et du folk-lore ; c'est un appel énergique et patriotique au relèvement intellectuel et politique de l'Arménie ; il est écrit en prose, entrecoupée de poèmes en vers.

Parap vakhti khaghaliq est un recueil de fables et d'historiettes, dont quelques-unes sont faites sur des thèmes locaux, mais dont la plupart sont des imitations et des adaptations en arménien des fables de Nasr eddin Khodja, de Lafontaine, fables qu'Abovian imite du reste très librement et où il donne libre carrière à son talent d'écrivain et à sa fantaisie de poète. Ce sont les premiers types de l'arménien vulgaire devenu classique chez les Arméniens de Russie.

Théodora ou l'*Amour filial* est une pièce en un acte, qui n'a pas grande importance.

Hovanna est une idylle où l'auteur décrit l'amour de deux paysans. Enfin, on trouvera dans le volume que nous avons cité plus haut (p. 11) un certain nombre de poésies, de complaintes, de chants d'amour, de poèmes patriotiques, qui font autant d'honneur au cœur et à l'âme de l'auteur qu'à son talent.

En résumé, Abovian a fondé la littérature moderne des Arméniens de Russie ; il a écrit un livre plein de vie, de sentiment, de couleur locale, d'accents personnels. Son style est puissant et individuel. C'est un romantique réaliste qui sait observer et qui dépeint la situation de son peuple telle qu'elle est. Son ouvrage a la valeur d'un document. Il écrit en arménien vulgaire et du coup, il fait triompher chez les Arméniens de Russie la question de l'arménien vulgaire comme langue littéraire, longtemps avant qu'elle fût même posée chez les Arméniens de Turquie. Par la tournure littéraire qu'il a donnée à ses fables, il se révèle comme le premier en date des folkloristes arméniens ; ses œuvres inédites renferment, assure-t-on, beaucoup de dictons, de traditions populaires qu'il serait désirable de publier un jour. Son roman lui-même fourmille de détails qui montrent à quel point il connaissait le folk-lore de son pays.

Le récit de l'ascension de l'Ararat par Frédéric Parrot et ses compagnons de voyage a été donné par Parrot lui-même dans son volume *Reise zum Ararat* (Berlin, 1834). Il ne sera pas sans intérêt de signaler qu'Abovian lui aussi, rédigea un journal de route et qu'une partie en fut publiée dans le volume intitulé *Khatchatour Aboviani Erkère* (Moscou, 1897), p. 489-497. Nous pensons être agréable au lecteur en en donnant une traduction, tout en faisant observer que l'édition de ce texte n'a pas été très soignée, que la ponctuation laisse beaucoup à désirer et que l'orthographe des noms propres est parfois suffisamment fantaisiste pour qu'il soit nécessaire de la corriger. Sous ces réserves, ce petit document mérite d'être connu ; nous en proposons la traduction suivante, plutôt littérale que littéraire :

« Voyage de Monsieur le professeur Parrot et de Khatchatour dpir (1) Abovian, au mont Ararat, le 9 septembre 1829... (2).

(1) Ce mot arménien signifie : scribe, lecteur, clerc, enfant de chœur.

(2) Texte dans *Khatchatour Aboviani Erkère* (Moscou, 1897), p. 489 et suiv.

Premier voyage

« Le professeur Thêodoros (1) Parrot, voyageur allemand de la contrée de Lifland (Livonie), homme illustre dans toute l'Europe, apparut dans la région araratienne aux jours d'Ephrem Ier, souverain pontife de tous les Arméniens, en 1829, le 7 septembre. Il avait avec lui cinq compagnons, dont les noms étaient : Basilios, Thêodors, Maqsimos Bêhagêl, Karros Chiman, Youlios Pêq et Ivan Chelts. (2).

« Ceux-ci, étant arrivés au saint siège d'Etchmiadzin, y demeurèrent deux jours et furent l'objet de beaucoup d'honneurs de la part des notables de l'endroit. Ils se montraient en tout très versés dans les belles-lettres. Leur but semblait être plutôt de voir ou de découvrir des choses inconnues ; c'est pourquoi ils recherchaient des livres écrits par les anciens, des œuvres d'art remarquables, des pierres précieuses, et autres antiquités diverses. Ils demandaient surtout une histoire complète concernant le mont Ararat, en dissimulant leur projet, et le professeur lui-même disait à ce sujet : « J'ai lu dans les livres de beaucoup de voyageurs que cette histoire existe dans votre bibliothèque. Nous l'avons bien cherchée, mais nous ne l'avons pas trouvée. »

« Ils pénétrèrent aussi dans notre église pour voir la cérémonie de la messe ; mais ils ne se signaient pas, et, à la fin de la messe, ils firent ouvrir toutes les saintes reliques, non point pour faire acte de dévotion, mais pour les examiner et inscrire leurs noms, après quoi, ils allèrent rendre visite au saint patriarche.

« En tout cela, j'étais désigné, par ordre des autorités de l'endroit, pour causer avec eux et les guider. J'ai trouvé chez eux beaucoup d'affection et d'humanité ; et, les ayant interrogés, j'ai appris le but de leur arrivée.

« Au bout de deux jours, comme ils se préparaient à partir,

---

(1) On sait que Théodosie ou Féodosie désignent la même ville, en raison de l'identification, en russe, de F. et de Th. L'éditeur arménien ne sachant comment rendre le prénom Frédéric-Friedrich, de Parrot, l'a transcrit par Thêodoros, que l'on peut prononcer Feodoros.

(2) La ponctuation erronée du texte arménien donne ainsi 6 compagnons de route à Parrot. Le titre de son ouvrage fournit leur nombre et leur nom exacts : *Reise zum Ararat*, von Dr Friedrich PARROT... unternommen in Begleitung der Herren : Candidaten der Philosophie WASSILJ FEDOROV, Stud. der Mineralogie MAXIMIL. BEHAGEL VON ADLERSKRON, Studiosen der Medicin JULIUS HEHN und KARL SCHIEMANN.

ils demandèrent à m'emmener avec eux en qualité d'interprète et comme assistant de leurs entreprises.

« Le 9 septembre, nous partîmes pour le couvent de saint Yakob (1), et, n'ayant pu y arriver ce jour-là, nous passâmes la nuit au bord de *Sev djour* (eau noire), qui sort des régions intérieures du Massis (2), se mêle au fleuve Eraskh (3), s'appelle Sev djour et, d'après les Turcs, Gharaysou (4), à cause de sa couleur noire. Cette rivière est, du haut en bas, remplie de roseaux (*chambakhit*) et il s'y trouve des quantités de gibiers et de bêtes fauves. Les rives de cette rivière et tous les environs fourmillent de cochenilles (5) c'est-à-dire : *ghrmzin* (en turc).

« Réveillés le matin, deux d'entre eux se mirent à disposer leurs appareils et à tracer la configuration du mont Massis, du côté méridional. Et l'un d'eux ramassait toutes les plantes, fleurs et herbes, et un autre les insectes et les animaux terrestres et aquatiques. Ce travail ne dura pas plus de deux heures ; après quoi, nous allâmes au couvent précité, situé près du village Arkouri, au pied du Massis, au milieu des collines.

« Les habitants du village, au nombre desquels le supérieur du couvent, un vardapet (6) du nom de Karapet, les reçurent très cordialement ; et ils y furent hospitalisés jusqu'à la fin de leurs travaux. Le lendemain, sans prendre le moindre repos, monsieur le professeur, avec l'un de ses compagnons qui était zoologiste et bon chasseur, et un paysan de l'endroit, du nom de Sahak (7), qui connaissait tous les endroits et les passes de la montagne, monta du côté de l'est. Il resta [absent] trois jours ; puis, après diverses peines et fatigues et avoir atteint une altitude de 13000 pieds, et ne pouvant plus monter par les escarpements, il revint auprès de nous. Une indisposition aussi lui étant survenue, monsieur le professeur demeura quelque temps empêché [de continuer ses travaux].

Deuxième voyage

« Ce hasard inattendu les poussa à mettre en œuvre toutes les ingéniosités possibles et à renouveler leur tentative par un autre

(1) Ou Saint Jacques. Sur ce couvent, voir Frédéric MACLER, *Rapport sur une mission scientifique en Arménie russe et en Arménie turque...* (Paris, 1911), p. 46-47.
(2) Nom arménien de l'Ararat.
(3) Nom arménien de l'Araxe.
(4) Kara-Sou.
(5) Texte : *Karmragoyn ordants*.
(5) Docteur en théologie.
(7) Forme arménienne du nom Isaac.

chemin. Ils demandaient surtout aux paysans qui avaient parcouru tous les endroits de la montagne et les environs, quel était le côté le plus facile pour faire l'ascension. Monsieur Stéphan Khodjiants, chef (ou maire) d'Arkouri, leur conseilla de monter par le côté ouest, et lui, leur servant de guide, ils purent mener à bonne fin leur projet. Comme ils faisaient leurs préparatifs, tous les assistants désiraient voir ce qu'ils voulaient y faire. Moi-même, j'en étais très curieux. Mais monsieur le professeur voulait m'épargner cette fatigue.

— Tu n'es pas habitué, disait-il, et tu ne peux pas supporter les difficultés que nous sommes préparés à endurer.

« Comme ils avaient avec eux des bâtons aux bouts pointus et des souliers ferrés, ce manque m'empêchait de toute façon [de les accompagner]. En insistant beaucoup, j'arrivai à obtenir leur consentement, et il fut décidé que j'irais moi aussi avec eux ; il y avait monsieur le professeur lui-même, monsieur Bêhagêl et Chimann, Stéphan Khodjiants, six paysans salariés et deux *saldat* (c'est-à-dire militaires).

« Le 18 septembre, nous mettant en route du côté ouest, par les chemins raboteux inusités de la montagne, nous arrivons au pied de la petite colline qui se trouve au-dessus de l'endroit nommé Qib Géol (1) ; le jour touchant à sa fin, nous n'avons plus pu avancer, et nous y avons passé la nuit, d'une façon très pénible; nos vêtements étaient suffisants, mais la rigueur du froid de l'endroit dépassait tous nos moyens de nous préserver et nous mettait de plus en plus en péril.

« Le lendemain, ne prenant avec nous que les vêtements essentiels et un peu de pain, nous nous mettons à grimper. Pendant longtemps, nous peinions durement, par suite de la montagne rude et inaccessible, toute rocailleuse et escarpée ; puis, comme nous nous étions approchés des régions couvertes de neige, les passages devinrent faciles et nous marchions sans obstacle.

« A la 12ᵐᵉ heure, avant d'atteindre le sommet, il nous arriva une grande mésaventure : les éléments et les nuages furent bouleversés ; ils obscurcirent toute la montagne sous la poussée des vents tumultueux et la lumière baissa, à tel point qu'une grande terreur nous envahit et nous étions tout décontenancés. Voyant qu'il n'y avait plus moyen d'avancer, nous fûmes forcés de revenir sur nos pas, pour nous mettre à l'abri du péril.

« En ce lieu, après que monsieur le professeur eut mesuré l'endroit, il ordonna aux paysans venus avec nous, de creuser là un trou ; nous y dressâmes une croix en bois, haute de dix

(1) Le texte allemand de Parrot (p. 155), porte : Kip-Ghioll.

pieds et nous fixâmes en son milieu une tablette de plomb où était gravée cette inscription en latin (1) « Sous le règne de N. P., l'autocrate de toutes les Russies, ce lieu sacré fut occupé par la main puissante d'Ivan Féodorovitch Paskévitch d'Erivan, serviteur du Christ, en l'an du Seigneur 1827 (2). Nous avons fait venir cette croix d'Etchmiadzin et, sur la demande de monsieur le professeur, elle a été ointe par le supérieur de la sainte congrégation de Yakob. L'endroit d'où nous sommes revenus n'est pas plus éloigné du sommet ; il était vaste et uni et sa hauteur atteint jusqu'à 15000 pieds français.

Troisième voyage

« Les difficultés et les insuccès de cette sorte qui nous arrivèrent successivement excitaient davantage monsieur le professeur à achever l'exécution de son projet ; c'est pourquoi, au péril de sa vie, il s'efforçait de le mener à bonne fin. Plus il était obsédé par cette pensée et cette préoccupation, plus la montagne était enveloppée de jour en jour par la tourmente des vents et par les nuages accumulés ; et l'on voyait le brouillard et la brume amassés sur le sommet.

« Ses compagnons s'occupaient, dans divers endroits des régions environnantes, l'un d'astronomie, l'autre de botanique ; celui-ci peignait, celui-là prenait des mesures. Après plusieurs jours, comme les éléments commençaient peu à peu à se calmer, les épaisseurs des nuages diminuèrent et l'air, rasséréné, s'adoucit ; le Massis, prenant un aspect magnifique et pur, devenait admirable à contempler. Le moment semblait propice à monsieur le professeur, et il se mit en route une fois encore. Mais ses compagnons, qui avaient fait déjà l'expérience des variations subites du climat de la montagne et des autres difficultés de tout genre, redoutant le danger de pareilles éventualités, demandèrent la permission de ne pas nous accompagner.

« A la fin, louant six personnes parmi les paysans, et prenant avec nous deux soldats, nous nous mîmes en route par le même côté ouest, le 27 septembre. Ce voyage, certes, nous était doux, car nous voulions atteindre au sommet du Massis ; mais les dures peines que nous avions à subir, la peur que nous avions des accidents troublaient nos esprits, au point que nous nous de-

---

(1) L'éditeur arménien a bien ouvert ici des guillemets, mais il a oublié ensuite de les fermer, de sorte que je ne puis préciser où s'arrête le texte de l'inscription en question. — Cf. Parrot *Reise...* I, p. 162.

(2) Le voyage de Parrot eut lieu en 1829.

mandions l'un à l'autre, à plusieurs reprises, en cours de route, si nous réussirions à revenir sains et saufs ; et ainsi se multipliaient en nous les soucis douloureux et les gémissements ; les sentiers, par lesquels nous passions, nous paraissaient doux, car nous n'avions pas l'espoir de les revoir ; nos pieds avançaient, mais notre cœur et notre esprit se consumaient dans l'angoisse.

« Il est doux, pensions-nous, de voir le Massis ; mais quand nous sera-t-il donné d'en revenir sains et saufs ?

« En tout cela, monsieur le professeur nous encourageait ; s'appuyant sur la vaillance de son cœur, il triomphait de tout, nous exhortant à affronter, de même, sans peur, tous les périls.

« Voyageant de la sorte, avant que les doux regards du soleil ne se fussent détournés de nous, et quand la chaleur du jour nous favorisait encore par derrière, nous franchîmes l'épaule de la colline occidentale, au pied de laquelle nous avions passé la nuit la première fois ; nous nous approchâmes des confins du bord neigeux de la montagne, où demeurent entassés la neige éternelle et les glaciers. Cet endroit, en contre-bas, demeure sans neige, l'été, pendant quelque temps. Nous réfugiant donc là, sous les cachettes de grands rochers, nous évitions de passer la nuit en plein air ; et parfois, nous nous chauffions au feu du bois que nous avions avec nous. Néanmoins, tout cela n'adoucissait pas la rigueur du froid des glaciers infernaux que nous voyions tout autour de nous.

« Au matin, alors que, effrayés par l'aspect de la terrible montagne, nous étions inquiets, nous hésitions, perplexes, la nature admirable nous découvrit sa figure gracieuse, jetant sur nous un doux regard et, nous enlevant sur les ailes du tendre zéphire, nous conduisait rapidement là-haut, aux lieux où reposent nos ancêtres (1). Les rayons resplendissants du soleil paraient de feu tous les endroits, et le Massis, avec une sollicitude maternelle, nous prenant sur son dos, nous faisait monter par les escarpements de la montagne qui touchent aux nues.

« Réjouis par cette action inattendue, prenant un essor rapide, nous nous hâtions vers les hauteurs, et, à midi, étant arrivés à l'endroit où nous avions dressé la croix, quatre parmi les paysans qui nous accompagnaient, tombant dans un profond abattement, s'arrêtèrent sur place, ne pouvant plus bouger ni à droite, ni à gauche.

« Quant à ceux qui nous accompagnèrent, eux-mêmes, fatigués d'avoir sans cesse à donner des coups de hache pour couper

---

(1) Les Arméniens descendraient de Noé par Japhet et Thorgom (Thogarma); cf. A. CARRIÈRE, *Moïse de Khoren et les généalogies patriarcales...* (Paris, 1891), passim.

la glace et faire des places pour les pieds, se sentaient à bout de forces, non moins que les autres : cette fatigue provenait du manque de neige nouvelle et de ce que l'endroit était trop lisse.

« Après ces traverses de toutes sortes, comme le sommet de la montagne ne nous apparut pas très éloigné, chacun de nous rivalisait [de zèle] ; nous nous y dirigions, nous ne faisions plus attention aux peines, nous ne nous rappelions plus les souffrances, nous nous dépêchions, nous nous empressions de voir l'endroit désirable, objet d'envie de mainte personne.

« Nous gravissions la colline qui formait le sommet de la montagne, comme si nous montions dans le ciel même, les pieds défaillant, les genoux fléchissant ; nous nous élancions en courant vers l'admirable site.

« Le « Désir », (1), qui nous portait à contempler l'adorable lieu de naissance du monde entier, vit le « Magnifique » ; il le vit et se réjouit. Nos âmes se revêtirent de joie et, transportés d'une grande allégresse, courant par ci, par là, nous en apercevions la base et les bords ; l'un était stupéfait de voir sa hauteur ; un autre tâchait de percevoir les lointains, et les discours de nous tous abondaient à se donner les uns aux autres la bonne nouvelle, et à se féliciter.

« Là, mon cœur éprouvait une joie mêlée de crainte, tous mes os se rassasiaient d'allégresse, en embrassant [par le regard ?] le lieu de la province natale (sic) (2). Là, une profonde pensée s'agitait dans mon esprit, mes yeux se remplissaient de larmes, par l'émotion qui m'envahissait, et je bénissais le Dieu Très Haut.

« Et comme tout cela dépassait la mesure de l'indicible, le cercle de la journée passait au sommet de l'horizon. Le moment arrivait pour nous de retourner, les heures décroissaient, le soleil se précipitait vers le couchant et il ne restait plus que deux heures jusqu'à l'arrivée du soir.

« Tandis que monsieur le professeur essayait de mesurer la hauteur de la montagne avec ses appareils mesurant l'air, moi j'errai par ci, par là, avec toute mon attention, pour trouver un objet quelconque comme souvenir pour l'avenir ; mais, par suite de l'énorme masse de glaces, je ne pus rien trouver. Finalement, au moment du retour, prenant la petite croix que nous

(1) Le désir est ici personnifié, par Abovian, ainsi que le « magnifique », qu'il faut entendre au sens absolu du mot.

(2) Cette phrase, passablement obscure, doit peut-être s'entendre dans ce sens : Du haut de l'Ararat, Abovian éprouvait une grande joie à voir son village, Kanaker, et la région environnant Erivan.

avions apportée du couvent de Saint Yacob, je la plantai, de ma
main, sur le sommet, du côté nord. Je pris aussi avec moi un
fragment de glace (1) et, bien qu'il fondît, j'en apportai l'eau,
quelques jours après, à notre saint Siège (Etchmiadzin.)

« Il est impossible d'exprimer la désolation de notre cœur, que
nous éprouvions en descendant et en nous séparant d'un pareil
endroit ; la nuit approchait, et nous nous éloignions de lui petit à petit ; plus nous le regardions, avec un attendrissement
ému, plus l'atmosphère de la nuit nous en dérobait la vue. Arrivés au campement (2), nous rendions grâce au Très Haut de
nous avoir gardés sains et saufs. Passant encore là la nuit, le
lendemain, nous regagnâmes nos demeures, où nos compagnons, qui y étaient restés, nous firent grande joie, jusqu'à lan-
cer des flèches et à faire toutes sortes de mouvements carnava-
lesques.

« Ce voyage dura, du matin jusqu'à l'arrivée au sommet de la
montagne : 10 heures ; nous y sommes restés une demi-heure ;
toute la journée, nous n'avons pu rencontrer de la terre, et la
montagne entière nous semblait un amas de glaces. Nous marchions exclusivement (3), sur l'énorme épaisseur des neiges et
des glaciers, que nous gravissions en les coupant pour nous
frayer un chemin (4).

« La douceur du temps nous favorisait plus qu'à l'ordinaire.
D'après eux (5), le Massis, depuis la création du monde jusqu'à
il y a peu de temps, est resté sans neiges, et ils le constataient
par les pierres tombées au pied de la montagne : ils les cas-
saient et en examinaient l'intérieur. La hauteur de la montagne
va jusqu'à 16,200 pieds français, à partir du niveau de la
Mer Noire, soit 2470 *gaz* russes, c'est à dire 5 verstes ; et, du niveau de sainte Etchmiadzin, 2050 *gaz* russes, ou 4 verstes. Sa
largeur [est] très étendue. La distance trompant la vue le fait
voir comme ayant 3 sommets ; mais, d'après ce que nous avons
vu exactement, deux cimes y surmontent *toute* (6) la surface de
la montagne ; elles sont plus hautes que toutes les parties s'éten-
dant de l'est à l'ouest ; celles-ci ne sont pas très éloignées l'une
de l'autre.

(1) Littéralement : de neige.
(2) Littéralement : à l'endroit de la nuit.
(3) Littéralement : Toute notre marche se faisait.
(4) Littéralement : pour nous faire des places pour les pieds.
(5) C'est-à-dire : d'après Parrot et ses compagnons.
(6) Le mot *bolor*, qui signifie *tout*, signifie également *rond*, *arrondi*, et
l'on pourrait aussi entendre ce passage dans ce sens : y surmontent la surface
arrondie de la montagne.

« La [cime] de l'est étant perpendiculaire et plus proche de la vue, semble être plus haute que celle de l'ouest ; mais, au contraire, la cime de l'ouest, qui se trouve au milieu de la masse de la montagne, étant un peu inaccessible aux yeux, semble telle ; mais elle est plus haute que l'autre. Bien qu'il y ait une colline moins haute, s'allongeant entre les deux [cîmes], étant plus étendue, elle ne se distingue pas de leur niveau (1). En d'autres endroits aussi se trouvent de petites collines ; quelques-unes à l'ouest, d'autres au nord et au sud ; mais elles ne sont pas aussi hautes.

« Il se trouve également des endroits plans, mais ils ne sont pas aussi nombreux que les pentes et les escarpements. Deux grandes déchirures nous apparurent sur la montagne, où il était effrayant de regarder. Mais le temps nous a manqué pour déterminer leur profondeur. A ses pieds, se trouvent des amas de glaces, pareils à des montagnes, et qui, se détachant des hauteurs d'année en année, viennent s'entasser et forment des épaisseurs très denses, qui sont dénommées par les habitants : maisons de glaces. Leur surface paraît d'une couleur cendrée. Pendant l'été, il en jaillit d'abondants cours d'eau qui, comme des fleuves....» (2) .

*
* *

Abovian est à juste titre considéré comme le fondateur de la littérature arménienne de Russie. Et, malgré cela, il n'avait pas encore sa statue. Non que la statuomanie ne régnât pas en Russie, au même degré qu'ailleurs ; mais, jusqu'à présent, les Arméniens n'avaient pas été autorisés à ériger, dans des endroits publics, des statues à leurs grands hommes. Toutefois, le gouvernement russe, reconnaissant les bons offices de ses loyaux sujets arméniens, se départit récemment de sa sévérité à cet endroit, et autorisa l'érection d'une statue à la mémoire d'Abovian.

Et voici qu'un comité se forma à Bakou, à l'effet d'examiner les voies et moyens propres à réaliser ce projet. La Société de Bakou, connue sous le nom de *Koultourakan Miouthiune*, mit au concours le projet d'un monument à élever sur la place publique d'Erivan à la gloire d'Abovian, père de la littérature ar-

(1) Le texte, manifestement altéré, ne donne aucun sens satisfaisant. La traduction, ici proposée, l'est sous toute réserve.

(2) Ici s'arrête brusquement le texte d'Abovian, soit qu'il n'ait pas achevé son récit, soit que les éditeurs n'aient pas jugé à propos d'en publier davantage.

ménienne contemporaine en Russie. Parmi les sculpteurs arméniens, au nombre de six, qui concoururent, le premier prix fut accordé au statuaire Ter Maroukian. Son projet fut préconté à l'Académie de Pétersbourg, immédiatement admis, et l'exécution commença sans tarder.

Ter Maroukian naquit à Erivan, en 1875. Ses parents le firent entrer de bonne heure au gymnase de sa ville natale, où il travaillait dans un atelier mis à la disposition des élèves destinés aux travaux manuels. Le professeur plus spécialement chargé de surveiller les travaux du jeune homme se prit d'une affection sincère pour lui et lui confia peu à peu les travaux soi-disant artistiques qui devaient être exécutés, en ce temps-là, au gymnase. C'est ainsi que le jeune homme gravait sur bois toutes sortes de figures, dont les imprimeurs de l'endroit se servaient comme de clichés.

Ter Maroukian avait alors 14 ans ; il ne songeait pas encore à la sculpture, mais s'occupait plus spécialement de dessin et un peu de peinture. Et il en fut ainsi jusqu'à ce qu'il eut atteint l'âge de 19 ans. A ce moment, après de longues difficultés, il put enfin quitter l'école d'Erivan et se rendre à Moscou, où il entra à l'Académie, comme élève de dessin, et, au bout de 2 ans, il commençait à faire sérieusement de la peinture. Il fréquentait en même temps les ateliers de modelage, dont les élèves n'étaient pas nombreux, et il se mit lui-même à modeler. Il prit goût à la chose, exécuta quelques copies d'antiques des musées de Moscou et, deux ans après, il sentait se révéler sa véritable vocation ; il était destiné à la sculpture. Et pour rencontrer plus de modèles dignes de l'intéresser, il se rendit à Pétersbourg, dont les musées devaient lui offrir plus de richesses que ceux de Moscou.

Les parents de Ter Maroukian en furent consternés ; ils comprenaient fort mal ce qu'était la sculpture, et ils désiraient que leur fils persévérât dans la peinture, qui leur apparaissait comme plus lucrative. Leur chagrin fut au comble lorsqu'ils apprirent que ce fils chéri, sans crier gare, était venu à Paris, où il comptait parfaire son éducation de sculpteur. Du coup, les vivres lui furent coupées, afin de le forcer à rentrer en Russie. Mais les parents avaient compté sans l'attrait irrésistible que notre capitale exerçait sur l'esprit du jeune artiste.

Deux mois de séjour à Paris avaient suffi à Ter Maroukian pour le persuader que là seulement, il pourrait trouver, comme maîtres et comme musées, ce qui avait été le rêve constant de sa jeunesse. Il ne savait pas un mot de français, il avait vaguement entendu parler d'une Ecole des Beaux-Arts, où des élèves se formaient en vue de la carrière artistique. Mais il ne connaissait personne et il désirait ardemment faire la connaissance de Falguière et devenir son élève.

Prenant son courage à deux mains, Ter Maroukian se présente, un jour, au secrétariat de l'Ecole des Beaux-Arts et réussit à faire comprendre qu'il était Arménien de Russie et qu'il aimerait savoir s'il n'y a pas à l'Ecole quelqu'un qui comprenne soit le russe, soit l'arménien. On le reçut très aimablement et on le mit de suite en rapport avec un peintre arménien, M. Erganian (1), qui fut son premier cicerone à Paris, et devint par la suite un de ses bons et fidèles amis.

Ter Maroukian expose à son compatriote ses projets les plus chers : travailler sous la direction de Falguière et rester le plus longtemps possible à Paris.

Erganian prépare l'entrevue désirée, présente Ter Maroukian à Falguière qui l'accepte d'emblée comme élève et s'intéresse à lui d'une façon toute particulière.

Ter Maroukian travaille pendant 4 ans à l'atelier du maître Falguière et, au bout de sa troisième année, il envoie au salon des artistes français, en 1899, une œuvre intitulée *Muse présentant des lauriers aux poètes et aux écrivains arméniens.*

Le premier pas, le plus difficile, était fait. Le maître s'intéresse à l'élève, et dès lors, chaque année, le sculpteur arménien expose des œuvres, dont la plupart, relatives aux choses du Caucase et de l'Arménie, sont des commandes nationales. Un des premiers monuments, érigé à Nakhitchevan sur le Don, près de Rostov, est celui de Patkanian, le célèbre poète arménien patriote, connu sous le pseudonyme de Gamar Katipa ; puis c'est le buste de Nalbandian, à Rostov, de Tahirian à Erivan, d'Alichian (buste particulier). Ter Maroukian expose ensuite, au Salon de 1906, le buste très remarqué de Madame Viardot, et au Salon de 1905, celui du catholicos Khrimian, qui fut acheté par la colonie arménienne de Paris et offert au monastère d'Etchmiadzin. La même année, 1905, le Salon recevait le buste de l'acteur Adamian et, en 1909, celui, en marbre, de M. Jules Bénard.

Et voici qu'en 1913, Ter Maroukian envoyait de son atelier de la rue Notre-Dame-des-Champs, au Salon, le buste en marbre de M. Doloukhanian et le fragment du monument Abovian. Celui-ci reviendra à l'atelier du maître pour être parachevé, et lorsqu'il aura été coulé, il prendra le chemin d'Erivan, où, dans le jardin public, il s'élèvera, dès l'hiver 1913-1914, pour per-

(1) Actuellement professeur de peinture à Trébizonde.

pétuer le nom du littérateur arménien Abovian, disciple de Frédéric Parrot ; et le monument ne contribuera pas peu à assurer, à son tour, la renommée de l'artiste d'Érivan, qui le conçut et l'exécuta dans la ville où il avait rêvé d'étudier, de travailler et de s'établir.

*
* *

Au moment où la nation arménienne, et plus spécialement la fraction qui habite le Caucase, se dispose à célébrer par des fêtes et par l'érection d'une statue, la mémoire d'Abovian, il nous a paru intéressant de dire, en peu de mots, quelle fut sa vie, et quelle son œuvre. Nous n'avons pas tenu pour inopportun de rappeler qu'il se plaisait à reconnaître ce que sa formation intellectuelle, sa culture générale, la tournure de son esprit devaient à son professeur Frédéric Parrot, d'origine montbéliardaise. Et le lecteur bienveillant, qui aura pris la peine de parcourir les pages qui précèdent, voudra bien apprendre, à titre de pur renseignement bibliographique, qu'elles furent écrites par

Frédéric MACLER, *Montbéliardais,*

Professeur d'arménien à l'Ecole spéciale

des langues orientales vivantes.

Paris, 26 mai 1913.

Montbéliard. — Sté An^ne d'Imprimerie Montbéliardaise.

DU MÊME AUTEUR :

(Chez Ernest LEROUX, éditeur)

HISTOIRE D'HÉRACLIUS, par l'évêque Sebêos, traduite de l'arménien et annotée. In-8°. . . . . 10 fr.

CONTES ARMÉNIENS (1). traduits de l'arménien moderne. In-18. 5 fr.

CONTES SYRIAQUES. Histoire de Sindban, mise en français d'après le texte syriaque édité par le professeur Fr. Baethgen. In-18. 3 fr.

CATALOGUE des manuscrits arméniens et géorgiens de la Bibliothèque nationale. In-8°, 5 planches (Couronné par l'Académie des Inscriptions et Belles-Lettres. Prix Saintour 1909) 12 fr.

UN DOCUMENT ARMÉNIEN sur l'assassinat de Mahomet par une Juive, dans *Mélanges Hartwig Derenbourg*. In-8° . . . . . 1 fr.

RAPPORT sur une mission scientifique en Arménie russe et en Arménie turque. In-8°, 26 fig. . . . . 3 fr. 50

En collaboration avec RENÉ DUSSAUD :

VOYAGE ARCHÉOLOGIQUE AU SAFA et dans le Djebel ed-Drûz. In-8°, avec un itinéraire, 17 planches et 12 fig. (Couronné par l'Académie des Inscriptions et Belles-Lettres. Prix extraordinaire Bordin, 1903) . . . . 10 fr.

MISSION dans les régions désertiques de la Syrie moyenne. In-8°, avec un itinéraire, 30 planches et 5 figures . . . . 12 fr.

PETITE BIBLIOTHÈQUE ARMÉNIENNE

Publiée sous la direction de F. MACLER

I. *La Possédée*, par CHIRVANZADÉ. traduction par Archag TCHOBANIAN. Préface de Frédéric MACLER. In-18 . . . . 3 fr.
II. *Nouvelles orientales*, par Minas TCHÉRAZ. Préface de Frédéric MACLER. In-18 . . . . 2.50
III. *Contes et Légendes de l'Arménie*, traduits et recueillis par F. MACLER. Préface de René BASSET (honoré d'une souscription du Ministère de l'Instruction publique). In-18. . . . 3.00

IV. Avétis AHARONIAN. *Vers la liberté. L'abîme*. Traduction par le Dr Missak CHAMLIAN et ELIAS-SARKIS ALTIAR. Préface de A.-Ferdinand HÉROLD. (Ouvrage couronné par l'Académie française). In-18 . . . . 3.00
V. ZARTARIAN (H.), *Clarté nocturne*, traduction par A. TCHOBANIAN, GOLANGIAN et ESSAYAN Préface de Gaston BONET-MAURY, In-18 . . . 3.00
VI. BARONIAN (H.), *Maître Balthasar*, comédie en trois actes ; introduction et traduction par I. M. SILMITZKY. In-18 . . . . 3.00

(1) Quelques-uns de ces contes ont été traduits en anglais par Andrew LANG, *The olive fairy book* (London, 1907).

(Chez Paul GEUTHNER, éditeur)

HISTOIRE DE PHARMANI ASMAN, traduite de l'arménien sur le manuscrit conservé à la Bibliothèque nationale. In-8° . . . . . . 3.»»

MOSAÏQUE ORIENTALE. — I. Epigraphica. II. Historica. In-8° . . . . 5.»»

MINIATURES ARMÉNIENNES. Vies du Christ. Peintures ornementales. In-4° . . . . . . 40.»»

ETUDES SUR LA MINIATURE ARMÉNIENNE. En collaboration avec le R. P. Séraphin Abdullah. Gr. in-8° . . . . 5.»»

(Chez Charles NOBLET, imprimeur)

LES APOCALYPSES APOCRYPHES DE DANIEL. In-8°. 3.»»

(Chez BOUILLON et CHAMPION, édit.)

HISTOIRE DE SAINT AZAZAÏL. Texte syriaque inédit avec introduction et traduction française, précédée des Actes grecs de Saint Pancrace. In-8° . . . . 5.»»

LA CHAIRE D'ARMÉNIEN à l'Ecole spéciale des langues orientales vivantes. In-8° . . . . . . 3.»»

(A la Société nouvelle de librairie et d'édition).

Marie SEVADJIAN. Nouvelles, traduites de l'arménien moderne. In-12. . . . . 3.»»

(Le journal « Le Temps »)

LETTRES DE JÉRUSALEM (26, 28 et 30 octobre 1898).

(Bibliothèque universelle et Revue suisse. Lausanne).

LA LÉPREUSE DU BIRKET, 1899.

JAMNÉ OU LE MAUVAIS ŒIL. Souvenirs de la Judée. 1900.

AU SAFA ET CHEZ LES DRUSES. Souvenirs d'un voyage archéologique dans le désert est-sud-est de Damas. 1902.

CHOUCHANNA. 1902.

(La Nouvelle Revue)

COMPIÈGNE. La ville et le château à travers les âges (la demeure du Czar en France). 1901.

L'ACTION RUSSE EN ASIE. 1902.

Un pari, par Marie SEVADJIAN, traduit... 1902.

(Revue archéologique)

MOÏSE DE KHOREN et les travaux d'Auguste CARRIÈRE. 1902.

(Journal asiatique)

Choix de Fables arméniennes attribuées à MKHITHAR GOCH, traduites... 1912.

EXTRAITS DE LA CHRONIQUE DE MARIBAS KALDOYO (Mar Abas Ka ina[?]). Essai de critique historico-littéraire. 1903.

PSEUDO-SEBÊOS, Texte arménien, traduit et annoté. 1905.

NOTICES DE MANUSCRITS ARMÉNIENS vus dans quelques bibliothèques de l'Europe centrale. 1913.

Notice, dans JEAN RÉVILLE. In MEMORIAM (1908).

PRÉFACE à Mme ISKOUI NINASSE, Sanglots (Constantinople, 1913). In-12.

(Revue des traditions populaires)

CONTES ARMÉNIENS. I. Histoire des trois femmes. Traduction... 1903. II. Méchanceté de la femme. III. L'esprit et la chance. IV. Le petit Mirza et le démon Gorgotchan.

CORRESPONDANCE ÉPISTOLAIRE AVEC LE CIEL. Lettres adressées par les Juifs d'Hébron et des environs aux patriarches, traduites de l'hébreu et annotées. 1905.

NÉCROLOGIE. JEAN RÉVILLE. 1908.

QUATRE CONTES CHALDÉENS. I. Les trois frères. II. Les trois amis. 1908. — III. Le lieu du monde où la mort n'existe pas. 1909. — IV. Le testament du roi. 1910.

HISTOIRE D'UN NÉGOCIANT CHRÉTIEN D'EDESSE et de sa femme, et d'un Arménien, leur associé. 1912.

(Revue de l'histoire des religions)

L'APOCALYPSE ARABE DE DANIEL, publiée, traduite et annotée. 1904.

HEBRAICA, 1908.

FORMULES MAGIQUES DE L'ORIENT CHRÉTIEN, 1906.

(Revue arménienne ANAHIT)

Notes de CHAHAN DE CIRBIED sur les Arméniens d'Amsterdam et de Livourne, publiées... 1904.

HISTOIRE DE PHARMANI ASMAN, Texte arménien publié et traduit. 1904.

(Revue des Etudes juives)

NOTE SUR UN NOUVEAU MANUSCRIT D'UNE CHRONIQUE SAMARITAINE. 1905.

L'INSCRIPTION HÉBRAÏQUE du Musée de Bourges. 1906.

(Revue arménienne BANASER)

NOTE SUR QUELQUES MANUSCRITS ARMÉNIENS avec reliure à inscription. 1905.

NOTRE-DAME DE BITLIS (Codex Paris. Suppl. Arménien 41). Texte arménien publié. 1906.

(Foi et Vie)

LA LITTÉRATURE ARMÉNIENNE MODERNE (Raffi, Barouian, Marie Sevadjian). 1905.

(Mercure musical, S. I. M.)

NOTE D'HISTOIRE SUR SALOMÉ LA DANSEUSE, 1907.

(Encyclopædia of religion and ethics)

Articles : ARMENIA (Christian) ; — CALENDAR (Armenian) ; — FESTIVALS AND FASTS (Armenian).

(Revue chrétienne)

CONTES ARMÉNIENS. Le moineau et les deux orphelins, traduction... 1904.

ARMÉNIE, MONTBÉLIARD, WURTEMBERG, 1913.

(Le journal « Le Siècle »)

ARMÉNIE ET TURQUIE ; n° du 15 janvier 1913.

(Revue du monde musulman)

LES ARMÉNIENS EN TURQUIE, 1913.

Editeur et annotateur des Semitica, dans E. RENAN, Cahiers de jeunesse, 1906, et Nouveaux cahiers de jeunesse, 1907.

Co-éditeur, avec M. Paul ALPHANDÉRY, de : Jean RÉVILLE, Les phases successives de l'histoire des religions. 1909.

www.ingramcontent.com/pod-product-compliance
Lightning Source LLC
Chambersburg PA
CBHW060822280326
41934CB00010B/2762